Anja Schümann

Beste Freunde A2.1
DEUTSCH FÜR JUGENDLICHE

Deutsch als Fremdsprache

Mein Grammatikheft

Hueber Verlag

5.   4.   3.   Die letzten Ziffern
2028 27 26 25 24   bezeichnen Zahl und Jahr des Druckes.
Alle Drucke dieser Auflage können, da unverändert,
nebeneinander benutzt werden.
1. Auflage
© 2019 Hueber Verlag GmbH & Co. KG, München, Deutschland
Umschlaggestaltung: Sieveking · Agentur für Kommunikation, München
Layout und Satz: Sieveking · Agentur für Kommunikation, München
Verlagsredaktion: Julia Guess, Hueber Verlag, München; Sabine Franke, Leipzig
Druck und Bindung: Friedrich Pustet GmbH & Co. KG, Regensburg
Printed in Germany
ISBN 978-3-19-391052-3

Art. 530_25924_001_03

Inhalt

Piktogramme und Symbole

 Erklärung zur Grammatik

 Portfolio-Aufgaben zum freien Üben

Possessivartikel: *unser, euer* im Nominativ und Akkusativ

> Schau mal, das ist unsere Katze. Sie heißt Bella.

> Echt süß! Ich kenne nur euren Hund Bobby.

Possessivartikel im Nominativ			Possessivartikel im Akkusativ		
wir	ihr		wir	ihr	
unser	euer	Hund	unseren	(!) euren	Hund
unser	euer	Pferd	unser	euer	Pferd
unsere	(!) eure	Katze	unsere	(!) eure	Katze
unsere	(!) eure	Haustiere	unsere	(!) eure	Haustiere

> Die Possessivartikel im Nominativ und Akkusativ sind gleich. Ausnahmen: *unseren, euren*

1 Was ist richtig? Unterstreiche.

- ● Hey Maja, kennst du schon unsere / eure (0) Wohnung? Schau mal hier!
- ■ Toll, so groß! Was ist denn das? Ist das unsere / eure (1) Terrasse?
- ● Ja, genau, und das da ist unser / euer (2) Garten.
- ■ Super! Unseren / Euren (3) Garten finde ich toll. Ihr habt ja zwei Hunde. Dann braucht ihr auch einen Garten für unsere / eure (4) Hunde.
- ● Stimmt, unsere / eure (5) Hunde haben jetzt viel Platz.
- ■ Und ich glaube, das hier ist unser / euer (6) Bad, oder? Das sieht groß aus! Unser / Euer (7) Bad ist leider sehr klein.
- ● Ja, aber dein Zimmer ist groß und ich finde es total schön.

2 Was passt? Kreuze an. Manchmal passen zwei Antworten.

	Hund	Katze	Pferd	Haustiere
0. Das ist unser …	(x)	○	(x)	○
1. Wer kennt unsere …?	○	○	○	○
2. Magst du unseren …?	○	○	○	○
3. Wir lieben unsere …	○	○	○	○
4. Wo ist euer …?	○	○	○	○
5. Sind das eure …?	○	○	○	○
6. Eure … ist echt süß!	○	○	○	○
7. Ich finde euren … nicht.	○	○	○	○

3 Ergänze *unser-* und *euer-* in der richtigen Form.

Hallo Mama!

Hallo mein Schatz!

Ich bin noch bei Luisa. Wir machen schnell _unsere_ (0) Mathe-Hausaufgaben zusammen.

Alles klar. Wie war denn .... (1) Englischtest heute?

Nicht so schwer. .... (2) Englischlehrerin ist echt in Ordnung.

Und wann kommst du nach Hause? Wir wollen doch noch _u_............... (3) Lieblingskuchen machen. Und Papa und ich möchten danach ins Kino gehen.

Ich weiß noch nicht. Wann fängt .... (4) Kinofilm denn an? Geht ihr in .... (5) Lieblingskino, ins Maxim?

Gut. Dann bin ich um 16 Uhr zu Hause! Bis dann! Tschüss!

Ja, genau, wie immer. Der Film fängt um 18:15 Uhr an. .... (6) Bus fährt um 17:30 Uhr.

4 Ergänze den passenden Possessivartikel im Akkusativ.

Zu unserer Gartenparty …

0. bringe ich _meinen_ Hund Flix mit.

1. bringt ihr .... Lieblingsmusik mit.

2. bringt mein Freund .... Badehose mit.

3. zieht meine Schwester .... Rock an.

4. zieht meine Freundin .... Sommerkleid an.

5. bringt mein Vater .... Gitarre mit.

6. kaufen wir .... Lieblingschips.

7. bringt ihr .... Freund Henry mit.

5 Und du und deine Freunde? Was bringt ihr zu einer Gartenparty mit? Schreib einen Text.

Wir ....

....

....

....

Positionsverben: *liegen, stehen, hängen* + Präposition + Dativ

Ich finde meine Sachen nicht! Mama! Wo sind meine Sachen?

Ach Mira … Deine Röcke hängen schon im Schrank. Deine T-Shirts liegen im Regal. Und die Schuhe stehen hinter der Tür.

Der Comic liegt im Badezimmer.

Der Computer steht auf dem Tisch.

Das Bild hängt an der Wand.

Die Teppiche liegen in den Zimmern.

liegen → hat gelegen
stehen → hat gestanden
hängen → hat gehangen

6 Was passt? Schau das Bild an und verbinde.

0. Die Lampe

1. Der Rucksack

2. Die Sporttasche

3. Der Tisch

4. Die Bücher

5. Das Fahrrad

a … hängt an der Tür.

b … liegen auf dem Sessel.

c … steht im Flur.

d … steht auf dem Kühlschrank.

e … hängt am Fahrrad.

f … steht vor dem Fenster.

7 Wo ist was? Schau die Bilder und die Wörter an und schreib Sätze.

| Hut Comics ~~Rucksack~~ | hängen liegen stehen | auf an neben | Schrank Teppich Stuhl |

1. *Der Rucksack* ....

2. ....

3. ....

8 Was *steht/liegt/hängt wo*? Ergänze.

Bad ✕ Küche ✕ ~~Terrasse~~ ✕ Schlafzimmer ✕ Garage ✕ Sofa ✕ Garten ✕ Kinderzimmer ✕ Flur ✕ Wohnzimmer ✕ Schrank

So sieht es bei uns zu Hause aus:

0. *Auf der Terrasse*   *stehen*   ein Tisch und vier Stühle.

1. .... ein Sofa auf dem Teppich.

2. .... ein Spiegel an der Wand.

3. .... zwei Betten und ein Schrank.

4. .... unser Auto und unsere Fahrräder.

5. .... der Kühlschrank.

6. .... die Gläser.

7. .... unsere Schuhe.

8. .... mein Bett und mein Schreibtisch.

9. .... manchmal mein Vater und schläft.

10. .... meistens unser Hund und schläft.

9 Was ist richtig? Unterstreiche.

0. Wo ist mein Deutschbuch? Gestern hat es noch auf dem Tisch
gelegen / gestanden / gehangen !

1. Wo sind meine Schuhe? Gestern haben sie noch im Flur
gelegen / gestanden / gehangen !

2. Wo ist Annas Foto? Gestern hat es noch an der Wand
gelegen / gestanden / gehangen !

3. Wo ist meine Schere? Gestern hat sie noch im Regal gelegen / gestanden / gehangen !

4. Wo ist mein Fahrrad? Gestern hat es noch im Garten gelegen / gestanden / gehangen !

10 Schau das Bild an und antworte mit *liegen, stehen* oder *hängen* im Perfekt.

Wie hat das Zimmer letzte Woche ausgesehen?

0. Die Lampe *hat auf dem Tisch gestanden.*

1. Die Schere _____

2. Der Rock _____

3. Das Poster _____

4. Die Sporttasche _____

5. Die Flaschen _____

6. Das Buch _____

7. Der Rucksack _____

8. Die Bücher _____

9. Das Saxofon _____

10. Der Pullover _____

11 Und du? Mach etwas in deinem Zimmer neu. Wie hat das Zimmer ausgesehen?
Wie sieht es jetzt aus? Schreib vier Sätze.

Auf dem Bett hat eine Jacke gelegen. Jetzt hängt sie an der Tür.

_____

_____

_____

⚠ Reflexive Verben im Präsens und Perfekt

Was hat Lea denn?

Sie hat sich gestern mit Tim getroffen und jetzt fühlt sie sich schlecht. Ich glaube, sie streiten sich oft.

reflexive Verben im Präsens		
		Reflexivpronomen
ich	freue	mich
du	freust	dich
er/es/sie	freut	sich
wir	freuen	uns
ihr	freut	euch
sie/Sie	freuen	sich

reflexive Verben im Perfekt	
	gefühlt
… hat sich …	getroffen
	gefreut

12a Wie heißen die reflexiven Verben? Verbinde die Silben und schreib auf.

| ~~ÄR~~ × EN × FEN × FREU × FÜH × ~~GERN~~ × LEN × TEN × TREF × STREI |

0. sich *ärgern*   2. sich _____   4. sich _____

1. sich _____   3. sich _____

b Was passt? Verbinde und unterstreiche die Personalpronomen und die Reflexivpronomen.

0. <u>Ich</u> ärgere   (a) sich immer mit Maria.

1. Du fühlst   (b) sich sehr.

2. Er streitet   (c) <u>mich</u> oft.

3. Wir treffen   (d) euch manchmal.

4. Sie freut   (e) sich heute krank.

5. Ihr streitet   (f) uns oft mit Sonja und Miko.

6. Sie fühlen   (g) dich stark.

13 Ergänze die reflexiven Verben aus 12a in der richtigen Form.

1. Hey Anna, wie geht's? _Fühlst_ du _dich_ immer noch so krank?

   Nein, es geht. Heute _____ ich _____ viel besser.

2. Hallo Maresa! Ist jetzt wieder alles okay mit deiner Schwester? Oder _____ ihr _____ immer noch so oft?

   Ja. leider. Aber sie _____ _____ auch mit meinem Bruder und mit meinem Vater. Sie nervt alle!

3. Marc, kommst du mit zum Volleyball? Wir _____ _____ um drei vor dem Bahnhof.

   Tut mir leid, ich kann leider nicht. Ich _____ _____ heute mit Maja.

4. Jimmy, kommst du auch zu Saras Party? _____ du _____ schon?

   Ja, klar! Tim und Malina kommen auch mit. Wir _____ _____ schon sehr!

5. Warum _____ du _____? Du weißt doch: Charlotte kommt immer zu spät.

   Ja, ich weiß. Aber alle _____ _____, auch Charlottes Eltern.

14a Was passt zusammen? Verbinde.

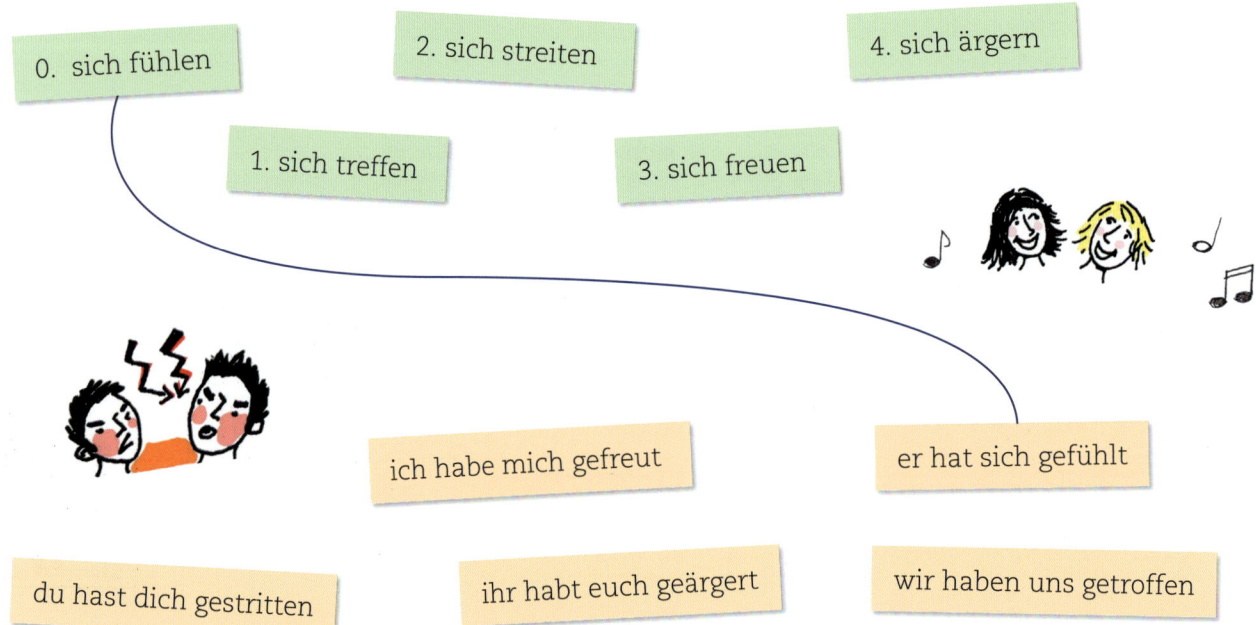

0. sich fühlen
1. sich treffen
2. sich streiten
3. sich freuen
4. sich ärgern

ich habe mich gefreut

er hat sich gefühlt

du hast dich gestritten

ihr habt euch geärgert

wir haben uns getroffen

b   **Ergänze die Sätze mit den Verben aus 14a.**

0. Mein Opa ist krank. Er fühlt sich oft schlecht,

aber gestern _hat_ er _sich_ gut _gefühlt_.

1. Meine Lehrerin ärgert sich oft,

aber gestern _____ sie _____ nicht _____.

2. Wir treffen uns meistens mit Luka und Patrick,

aber gestern _____ wir _____ mit Mateo und Niko _____.

3. Du streitest dich oft mit deiner Familie,

aber gestern _____ du _____ nicht _____.

4. Ihr freut euch meistens,

aber gestern _____ ihr _____ nicht _____.

⚠ Syntax: Sätze mit reflexiven Verben

Aussagesatz	Anna	fühlt	sich	gut.
	Ich	habe	mich	sehr	gefreut.
	Fabio	will	sich	nicht	ärgern.
	Gestern	habe	ich	mich	gefreut.
Ja-/Nein-Frage	Freust	du	dich?		
	Hast	du	dich	allein	gefühlt?
W-Frage	Wie	fühlst	du	dich?	
	Wer	streitet	sich	oft?	
Imperativ	Ärgere	dich	nicht!		

> Ich fühle mich gut!

15a   **Lies die Nachrichten und unterstreiche alle Sätze mit reflexiven Verben.**

Hi Mama! Viele Grüße aus Berlin! Es ist toll hier. Wir haben viel Spaß! Cooles Foto, oder? Hast du Oma und Opa am Sonntag besucht? <u>Haben sie sich gefreut?</u> Wie geht es ihnen? Wie fühlt Oma sich?

Liebe Sylvie, mit Oma und Opa ist alles in Ordnung. Oma fühlt sich wieder gut.

Gestern habe ich mich sehr geärgert. Du kennst doch Sami. Wir haben uns viel gestritten. ☹ Er nervt total. Ich mache lieber etwas mit meinen Freundinnen.

Das ist gut. Ärgere dich nicht! Jungen können manchmal nerven. ☺

b Schreib die Sätze mit reflexiven Verben aus **15a** in das Schema.

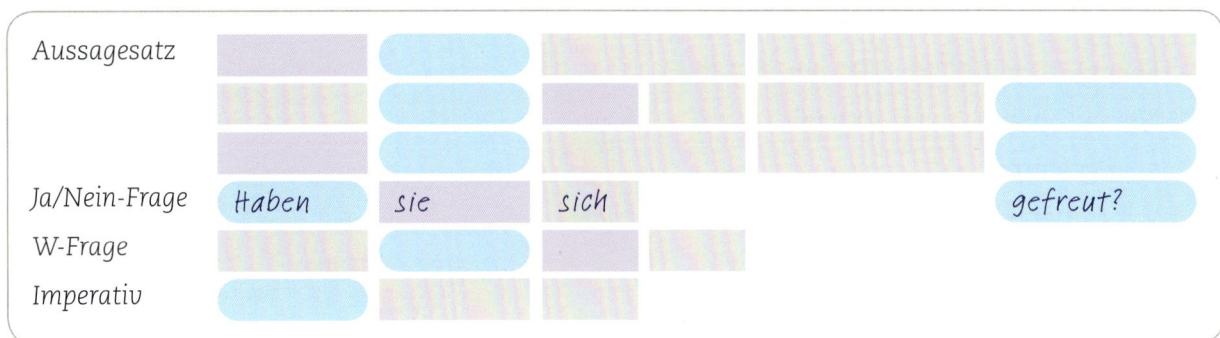

Aussagesatz					
Ja/Nein-Frage	Haben	sie	sich		gefreut?
W-Frage					
Imperativ					

16 Wo steht das Reflexivpronomen? Verbinde.

0. ● Was ist denn mit deiner Mutter los?
   ■ Ich weiß nicht, sie ⭐ fühlt ⭐ oft sehr müde.

1. ● Wann hast du Julia zum letzten Mal gesehen?
   ■ Wir haben ⭐ im September ⭐ in Wien getroffen.

2. ● Warum habt ihr ⭐ gestern ⭐ so gestritten? Was war denn los?
   ■ Ach, mein Vater nervt total.

3. ● Wie war deine Geburtstagsparty? Hast ⭐ du ⭐ gefreut?
   ■ Super! Das war eine tolle Überraschung!

4. ● Bist du mit dem Zug gefahren?
   ■ Ja, leider. Er kam viel zu spät. Ich ⭐ habe ⭐ sehr geärgert.

⭐ sich ⭐ uns ⭐ euch ⭐ dich ⭐ mich

17 Und du? Lies den Forumsbeitrag und schreib eine Antwort.

Sunbuddy

Hi Leute! Der Sommer war lang und sooooo schön! Ich liebe den Sommer! Jetzt ist es leider wieder kalt, die Tage im Herbst sind kurz und ich fühle mich ein bisschen traurig. Ich streite mich oft mit meinem Bruder und kann mich nicht richtig freuen. Kennt ihr das? Fühlt ihr euch auch manchmal so? Streitet ihr euch auch so oft?

5 ANTWORTEN ⌄

Ja, das kenne ich. / Nein, das kenne ich nicht. Ich fühle ....

Präposition: *ohne* + Akkusativ

Hi Leute! Ich bin Terry. Ohne meine Sonnenbrille gehe ich nicht aus dem Haus. Ohne mein Smartphone kann ich nicht leben.

ohne + *Akkusativ*	
Ohne meinen Laptop / Ohne mein Smartphone / Ohne meine Sonnenbrille / … Ohne meine Ohrringe / … Ohne dich …	kann ich nicht leben.

18 Was passt? Schau die Bilder an, ordne zu und ergänze die Sätze.

Ⓐ

Ⓑ

Ⓒ

Ⓓ

Ⓔ

Ⓕ

Ⓖ

Ⓗ

0. Bild _G_ : Ohne _sein_ Surfbrett möchte Nicki nicht ans Meer fahren.

1. Bild ____: Ohne _____ Katze fühlt sich Franka allein.

2. Bild ____: Ohne _____ Schuh geht Tobi nicht zum Training.

3. Bild ____: Ohne _____ Brille kann Luisa nichts sehen.

4. Bild ____: Ohne _____ Hund Trixi geht Maja nicht spazieren.

5. Bild ____: Ohne _____ Freunde geht Marc nicht ins Kino.

6. Bild ____: Ohne _____ Fahrrad kann Karl nicht zur Schule fahren.

7. Bild ____: Ohne _____ Buch fährt Maria nicht mit der U-Bahn.

19 Und du? Ergänze die Sätze.

Ohne	fühle ich mich allein.
Ohne	gehe ich nicht aus dem Haus.
Ohne	macht die Schule keinen Spaß.

! **Negation mit *nicht* und *kein-***

Sag mal, Anna, bist du jetzt mit Jonas zusammen? Wir haben gehört, du bist verliebt …

Wie bitte? Wer sagt das?!? So ein Quatsch! Jonas ist nett, aber er ist nicht mein Freund und ich bin auch nicht verliebt! Ich brauche keinen Freund!

Negation mit kein-	
☺	☹ kein-
Ich will Schokolade.	Ich will keine Schokolade.
Das ist ein Spiel.	Das ist kein Spiel.

Negation mit nicht	
☺	☹ nicht
Ich will spielen.	Ich will nicht spielen.
Das Eis ist lecker.	Das Eis ist nicht lecker.
Ja, jetzt.	Nein, nicht jetzt.
Marco ist mein Freund.	Marco ist nicht mein Freund.
Das ist der Park.	Nein, das ist nicht der Park.
Das ist Philipp.	Das ist nicht Philipp.

kein- steht direkt vor einem Nomen. Bei Namen und in allen anderen Fällen steht *nicht*.

20 **Wer sagt das? Verbinde und unterstreiche *kein-* + Nomen.**

A

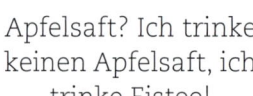
Brot? Das ist <u>kein Brot</u>, das ist Kuchen.
0

C

Apfelsaft? Ich trinke keinen Apfelsaft, ich trinke Eistee!
1

B

Obst? Wir essen kein Obst, wir essen Pommes!
2

D

Bratwurst? Wir essen keine Bratwurst, wir **3** essen Hähnchen!

21a Ergänze die Antwort mit *kein-*.

0. ● Mario, hast du eine Freundin?
   ■ *Nein Mama, ich habe keine Freundin!*

1. ● Möchtest du Salat?
   ■ _____ !

2. ● Magst du Gemüse?
   ■ _____ !

3. ● Machst du Hausaufgaben?
   ■ _____ !

4. ● Hast du Hunger?
   ■ _____ !

b Ergänze die Antwort mit *nicht*.

0. ● Du gehst jetzt ins Bett! ■ *Nein, ich gehe jetzt nicht ins Bett!* _____

1. ● Du kommst jetzt nach Hause! ■ _____ !

2. ● Du bist egoistisch! ■ _____ !

3. ● Du telefonierst mit Oma! ■ _____ !

4. ● Das ist Henri, oder? ■ _____ !

22 *Nicht oder kein-?* Verneine die Sätze.

0. Das ist Sonja Sommer. *Das ist nicht Sonja Sommer.*

1. Sie ist verliebt. _____

2. Ihr Freund heißt Mario. _____

3. Er hat Zeit. _____

4. Sie gehen ins Kino. _____

5. Sonja hat Hunger. _____

6. Sie isst Chips. _____

7. Die Chips sind lecker. _____

8. Der Film ist gut. _____

23 Und du? Wie bist du nicht? Was kannst du nicht? Was isst/trinkst du nicht? Schreib vier Sätze.

Computer reparieren ✕ egoistisch ✕ Salat ✕ klettern ✕ Bratwurst ✕ fleißig ✕ Gemüse ✕
Suppe kochen ✕ neugierig ✕ Bananensaft ✕ Französisch sprechen ✕ sportlich ✕ …

Ich bin nicht _____

_____

_____

① **Personalpronomen im Dativ:** *uns, euch*

> Ja, das ist der Gustl. Mit 17 haben wir uns kennengelernt. Aber bei uns war das nicht so wie bei euch heute, Lilly. Wir haben uns nie bei mir zu Hause getroffen. Meine Eltern waren sehr streng.

> War das da dein Freund, Oma? Erzähl doch mal!

Personalpronomen				
Nominativ	ich	du	wir	ihr
Dativ	mir	dir	uns	euch

24 **Wer sagt was? Ordne zu und ergänze.**

A: _2_   B: _____   C: _____   D: _____

WIR ①

Bei _____ gibt es Obstbäume, Wiesen und Blumen.
Mit _____ ist es nie langweilig.
Zu _____ kommt jeder gern.
Von _____ bekommst du einen Apfel.

ICH ②

Bei _mir_ macht Mathe Spaß.
Mit _____ versteht ihr alle Aufgaben.
Zu _____ könnt ihr immer kommen.
Von _____ bekommt ihr Hilfe.

DU ③

Bei _____ fühlt sich mein Herz zu Hause.
Mit _____ bin ich glücklich.
Zu _____ kann ich immer gehen.
Von _____ bekomme ich so viel!

IHR ④

Bei _euch_ zu Hause bin ich gern.
Mit _____ spiele ich am liebsten Monopoly.
Zu _____ fahre ich in den Ferien.
Von _____ bekomme ich tolle Geschenke!

25 **Was ist richtig? Unterstreiche.**

0. ● Wir sind um drei bei mir verabredet.
   ■ Bei mir / dir / uns ? Aber wir treffen uns doch bei Mira
   und Tessa.

1. ● Also dann: Um sechs bei uns zu Hause, okay?
   ■ Warum bei euch / mir / uns ? Eure Wohnung ist doch so klein.

2. ● Machen wir die Hausaufgaben bei mir oder bei dir?
   ■ Bei mir sind wir nicht allein, also gehen wir lieber zu
   mir / uns / dir .

3. ● Kommst du mit zu mir? Bei euch / dir / uns gibt es heute Pizza.
   ■ Ja, gern! Bei euch / mir / uns schmeckt die Pizza immer
   sehr lecker.

4. ● Wann kommt ihr denn mal zu euch / uns / dir zum Essen?
   Wir möchten euch einladen.
   ■ Oh danke! Wir kommen gern zu uns / mir / euch .
   Vielleicht am Freitag.

26 **Ergänze das Personalpronomen.**

1. ● Bei *uns* (wir) in München gibt es das Oktoberfest.
   Gibt es bei _____ (ihr) in Freiburg auch
   ein Volksfest?
   ■ Ja, die Freiburger Herbstmess.

2. ● Bei _____ (ich) zu Hause gibt es einen
   Garten, bei _____ (du) auch?
   ■ Nein, leider nicht. Wir wohnen in der Stadt.

3. ● Wann gibt es Abendessen? Wie ist das
   bei _____ (ihr)?
   ■ Wir essen meistens um 19 Uhr.

4. ● Oma, was gibt es am Sonntag bei _____ (du) zum Mittagessen?
   ■ Du weißt doch, bei _____ (ich) ist es immer lecker.

5. ● Tante Lisa, kann ich am Wochenende zu _____ (ihr) kommen?
   ■ Na klar! Du kannst mit _____ (wir) im Garten arbeiten.

27 **Und du? Schreib wie in Aufgabe 24 über deine Freunde oder deine Familie.**

Bei
Mit
Zu
Von

① Präposition: zu + Feste/Feiertage

> Lecker! Mama hat mir eine Torte zu meinem Geburtstag gebacken.

mit Artikel im Dativ	ohne Artikel
der Geburtstag → zum Geburtstag	Weihnachten → zu Weihnachten
mein Geburtstag → zu meinem Geburtstag	Ostern → zu Ostern
der Muttertag → zum Muttertag	

28 Ergänze zu + Dativ.

0. _Zu_ Ostern bekommt meine Tante Schokoladeneier.

1. .... ihr .... Geburtstag bekommt meine Schwester ein Bild.

2. .... Weihnachten bekommt mein Vater einen Basketball.

3. .... Geburtstag bekommst du eine Torte.

4. .... Muttertag bekommt meine Mutter Ohrringe.

5. .... Vatertag bekommt mein Vater einen Kugelschreiber.

6. .... Weihnachten gibt es immer viele Geschenke.

7. .... mein .... Geburtstag lade ich nur drei Freundinnen ein.

29 Und du? Was schenkst du deiner Familie zum Geburtstag oder zu Weihnachten? Schreib einen Text.

....

....

....

Wortbildung:
Nationalitäten

> Jassas! Eleni und ich sind Griechen.

> Holá! Ich heiße Maria und bin Spanierin.

> Hi! Ich bin Kenianer. Mein Name ist James.

> Hallo! Das ist Emma und ich bin Jens. Wir sind Deutsche.

> 🧍 Er ist Deutscher.
> 🧍 Sie ist Deutsche.
>
> 👥 Max und Tom sind Deutsche.
> 👥 Mira und Marie sind Deutsche.

Singular		Plural	
🧍	🧍	👥 👥	👥
Er ist Grieche. Russe. Spanier. Brasilianer.	Sie ist Griechin. Russin. Spanierin. Brasilianerin.	Nikos und Eleni sind Griechen. Nikos und Georgios sind Griechen. Juan und Carla sind Spanier. Juan und Carlos sind Spanier.	Athina und Eleni sind Griechinnen. Maria und Carla sind Spanierinnen.

1 **Ergänze die Tabelle.**

	🧍 Er ist …	🧍 Sie ist …	👥👥 Sie sind …	👥 Sie sind …
1. England	Engländer			Engländerinnen
2. Marokko		Marokkanerin		
3. Türkei			Türken	
4. Russland				
5. Brasilien			Brasilianer	
6. Deutschland				
7. Griechenland				
8. Italien				
9. USA	Amerikaner			
10. Spanien				

Fabio

2 Schreib Sätze.

Mike   Amera   Yanis   Lars und Elly   Berat   Ana und Marta   Ahmed und Amadou

0. Mike *kommt aus den USA. Er ist Amerikaner.*

1. Amera .... *Kenia.* ....

2. Yanis ....

3. Lars und Elly ....

4. Berat ....

5. Ana und Marta ....

6. Ahmed und Amadou ....

3 Finde die Sprachen und schreib Sätze über die Nationalitäten.

CHI ✕ DEUTSCH ✕ ~~DEUTSCH~~ ✕ ENG ✕ I ✕ KISCH ✕ LIE ✕ LISCH ✕ NE ✕
NISCH ✕ NISCH ✕ RUS ✕ SISCH ✕ SISCH ✕ SPA ✕ TA ✕ TÜR

0. *Österreicher sprechen Deutsch.*

1. ....

2. ....

3. ....

4. ....

5. ....

6. ....

7. ....

4 Und du? Stell zwei Personen aus einem anderen Land vor.

kommt aus ....

....

....

....

Modalverb: *dürfen*

> Frau Wagner, darf ich etwas fragen?

> Natürlich darfst du das, Tilo!

Modalverb dürfen		
ich	(!)	darf
du	(!)	darfst
er/es/sie	(!)	darf
wir		dürfen
ihr		dürft
sie/Sie		dürfen

5 Was passt zusammen? Verbinde.

0. ● Dürft ihr in der Schule mit dem Smartphone telefonieren?

1. ● Darf Mario schon allein in eine Diskothek gehen?

2. ● Darfst du schon allein Auto fahren?

3. ● Papa, dürfen wir bitte noch fernsehen?

4. ● Dürfen die Kinder hier spielen?

5. ● Mama, darf ich ein paar Freunde einladen?

6. ● Darf Fatima ins Kino gehen?

a. ■ Nein, ich bin ja noch nicht 18.

b. ■ Ja, aber nicht allein. Sie darf zusammen mit Freundinnen gehen.

c. ■ Natürlich darfst du das. Kommt Feridun auch?

d. ■ Ja, aber nicht im Unterricht, nur in der Pause.

e. ■ Nein, seine Eltern sind dagegen.

f. ■ Na klar, das ist kein Problem. Bei mir dürfen Kinder alles.

g. ■ Nein, das dürft ihr leider nicht. Es ist schon elf und ihr müsst früh aufstehen.

6 Was ist richtig? Unterstreiche.

0. Ahmed dürft / darfst / <u>darf</u> jetzt Torwart sein.

1. Die Mannschaft dürfen / darf / dürft nach dem Training mit Fabio ins Kino gehen.

2. Die Kinder darfst / dürft / dürfen in der Pause Wasser trinken.

3. Darfst / Dürft / Darf ich heute auch mal Kapitän sein?

4. Natürlich darfst / dürft / darf du auf die Toilette gehen.

5. Ahmed und Davis, ihr dürft / darf / darfst am Wochenende mit Alex trainieren.

6. Wir dürfen / darf / dürft auf dem Fußballplatz sprechen, aber nicht telefonieren.

7 Was passt: *müssen* oder *dürfen*? Ergänze in der richtigen Form.

Mama, *darf* (0) ich heute dein Fahrrad haben? Ich _____ (1) pünktlich beim Training sein.

Na klar! _____ (2) du denn heute Torwart sein? Das möchtest du doch so gern.

Nein, leider nicht. Tim _____ (3) heute im Tor stehen. Aber er ist gut!

Ach so. Oh, Jonas, und bitte vergiss nicht: Vor dem Training _____ (4) du noch mit dem Hund spazieren gehen.

Ach Mama! Immer _____ (5) *ich* alles machen! Sara _____ (6) nie helfen!

Deine Schwester hatte einen Unfall und _____ (7) nicht laufen, das weißt du!

Aber ich habe keine Zeit! Tim holt mich gleich ab.

Tim kann ja mitgehen. Dann _____ (8) ihr eben schnell spazieren gehen!

Na gut …

Na dann, hier ist der Fahrradschlüssel. Viel Spaß beim Training! ☺

8 Schreib Sätze mit der richtigen Form von *dürfen*.

0. bis acht Uhr — bleiben — Elif und Lena — dürfen — auf der Party — .
   Elif und Lena dürfen bis acht Uhr auf der Party bleiben.

1. meine Freundin — einladen — ich — dürfen — ?
   _____

2. dürfen — mit Selim und Pia — gehen — ins Kino — Milo und ich — .
   _____

3. verreisen — Yasmin — dürfen — mit ihren Großeltern — .
   _____

4. ihr — nächste Woche — mitkommen — dürfen — ?
   _____

9 Und du und deine Freunde? Was darfst du / dürft ihr in deinem Zimmer machen?
Schreib einen Text.

Freunde einladen ✗ Musik hören ✗ Computerspiele machen ✗ im Internet surfen ✗
ein Haustier haben ✗ Pizza essen ✗ kochen ✗ Filme schauen ✗ Popcorn machen ✗ ?

Ich _____
_____
_____

dürfen + Negation *nicht, kein-*

Hi, ich bin Nele. Ich lerne am liebsten in der Bibliothek. Hier *darf* man *nicht* sprechen und *keine* Musik hören.

dürfen + Negation 🚫
Hier *darf* man *nicht* fotografieren.
Hier *darf* man *keine* Fotos machen.

---

10 **Ergänze *nicht* oder *kein-*.**

0. Im Kino darf man *keine* Musik hören und *nicht* laut sprechen.

1. In meinem Zimmer darf ich .... Computerspiele machen.

2. In der Bibliothek darf man .... essen und .... telefonieren.

3. Im Bus darf man .... Eis essen und .... Cola trinken.

4. In der Kirche darf man .... laut lachen.

5. Im Museum darf man .... Badehose und .... Bikini anziehen.

---

11 **Was darf man, was darf man nicht? Ordne zu und schreib Sätze.**

telefonieren ✖ reiten ✖ klettern ✖ sprechen ✖ Wasser trinken ✖ ~~Musik hören~~ ✖ schwimmen ✖ Fotos machen ✖ Fahrrad fahren ✖ essen

0. *Hier darf man keine Musik hören.*

1. ....

2. ....

3. ....

4. ....

5. ....

6. ....

7. ....

8. ....

9. ....

---

12 **Und du? Was darfst du bei euch zu Hause *nicht* machen? Schreib einen Text.**

Leider darf ich zu Hause ....

....

....

Was magst du lieber? Die Bluse oder das T-Shirt?

Die Bluse gefällt mir am besten!

	Komparativ	Superlativ
klein	kleiner	am kleinsten
modern	moderner	am modernsten
teuer	(!) teurer	am teuersten
(!) lang	länger	am längsten
(!) kurz	kürzer	am kürzesten

(!) kurze Adjektive mit *a, o, u* → *ä, ö, ü*

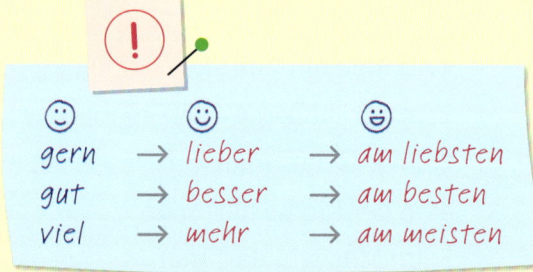

gern	→	lieber	→	am liebsten
gut	→	besser	→	am besten
viel	→	mehr	→	am meisten

13 Ergänze die Tabelle.

	Komparativ	Superlativ
0. *schnell*	schneller	*am schnellsten*
1. stark		
2.		am schönsten
3. viel		
4.		am besten
5. groß		
6.	lieber	
7.		am längsten
8. glücklich		
9.	moderner	
10.	teurer	
11. schwer		
12.	kürzer	

14 Ergänze den Komparativ.

> jünger ✕ glücklicher ✕ besser (2x) ✕ lieber (2x) ✕ mehr ✕ größer ✕ ~~schneller~~ ✕ teurer

0. Clara läuft schnell, aber Max läuft _schneller_.

1. Sie schläft viel, aber er schläft _____.

2. Sie liest gern Krimis, aber er liest _____ Comics.

3. Sie singt sehr gut, aber er singt _____.

4. Sie ist glücklich, aber er ist _____.

5. Ihre Uhr war teuer, aber seine Uhr war _____.

6. Sie spielt gut Tennis, aber er spielt _____.

7. Sie ist sehr groß, aber er ist _____.

8. Ihre Eltern sind jung, aber seine Eltern sind _____.

9. Sie geht gern ins Kino und in Clubs, aber er bleibt _____ zu Hause.

(!) **Vergleich mit *als* und *(genau)so … wie***

> Schwimmst du
> genauso gut wie dein
> Bruder?

> Na klar! Ich schwimme
> sogar schneller als er!

Vergleiche		
Daniel ist	so groß wie	Emma.
Janine ist	größer als	Emma.
Robin ist	am größten.	

> so groß wie =
> genauso groß wie

---

15 Schreib fünf Sätze mit dem Komparativ. Verwende unterschiedliche Adjektive.

0. Ein Pferd		schwer		Asterix
1. Eine Katze	sein	dick		Paula
2. Ein Mensch	laufen	intelligent	als	ein Kamel
3. Ein Gepard	klettern	schnell		ein Roboter
4. Obelix		groß		ein Hund
5. Tobias		gut		

0. _Ein Pferd läuft schneller als ein Kamel._

1. _____

2. _____

3. _____

4. _____

5. _____

16 Schreib Sätze mit *(genau)so … wie*.

0. alt sein: Lisa = Laura   *Lisa ist genauso alt wie Laura.*

1. gut singen: Frau Mayer = Herr Müller

2. groß sein: ich = du

3. gut schmecken: Kuchen = Torte

4. gern schwimmen: Fabio = Tim

5. wenig essen: Alex = Paul

17 Was ist richtig: *als* oder *wie*? Unterstreiche.

Herr Moll ist kleiner, älter und dicker als / wie (0) seine Frau. Seine Beine sind kürzer als / wie (1) ihre Beine, aber seine Füße sind so groß als / wie (2) ihre Füße. Frau Moll ist sportlicher als / wie (3) ihr Mann. Sie spielt besser Tennis als / wie (4) er. Seine Witze sind aber besser als / wie (5) ihre. Und Frau Moll ist nicht so lustig als / wie (6) er. Herr Moll lacht genauso gern und viel als / wie (7) seine Frau. Und er mag seine Frau genauso gern als / wie (8) sie ihn.

18 Vergleiche Pedro, Samira und Jana. Schreib Sätze.

		Pedro	Samira	Jana
0.	alt sein	++	+++	+
1.	schnell laufen	+++	++	++
2.	groß sein	+++	++	+
3.	gern ins Kino gehen	++	+	+++
4.	viel Schokolade essen	+	++	+++
5.	gut in Mathe	++	+++	+

0. *Pedro ist älter als Jana. Samira ist am ältesten.*

1. *Jana*

2. *Samira*

3. *Pedro*

4. *Samira*

5. *Pedro*

19 Und du? Vergleiche dich mit deinen Freunden. Schreib einen Text.

groß / alt / lustig /… sein   ✕   schnell laufen   ✕   gut schwimmen   ✕   gern Fußball spielen   ✕   …

Ich bin

Präposition: *bis zu* + Dativ

> Du möchtest zum Gloria-Kino? Also, pass auf, du gehst die Goethestraße bis zur Kreuzung und dann rechts.

> Bis wohin?

> Bis zum Kiosk. Bis zur Kreuzung.

Bis wohin? bis zu + *Dativ*				
Du gehst	bis zum Bahnhof.	bis zum Stadion.	bis zur Ampel.	bis zu den Häusern.

20 **Ergänze die Lücken.**

> Hallo! Entschuldigung, wo ist hier ein Supermarkt?

> Du gehst bis zum (0) Kiosk und dann links bis zu .... (1) Kirche. Dann gehst du die Straße geradeaus, da ist ein „Klick"-Supermarkt.

> Entschuldigung, ich suche das Hotel „Berner Hof".

> Kein Problem! Fahren Sie hier bis zu............ (2) Bahnhof Westkreuz, dann rechts bis zu .... (3) Tennisplätzen. Dort ist das Hotel.

> Hi! Ich möchte zum Schwimmbad.

> Alles klar, dann gehst du hier bis zu............ (4) Ecke, dann rechts bis zu............ (5) Brücke und dann immer geradeaus bis zu............ (6) Kaufhaus. Da ist das Schwimmbad.

21 **Ergänze die Sätze.**

● Sag mal, wo ist das Café Hauser?

■ Pass auf: Du gehst die Clemensstraße nach links *bis zum* (0) Ende
und dann rechts. Dann gehst du die Wallerstraße geradeaus
.... (1) Kreuzung. An der Ampel gehst du rechts
.... (2) Park und dann .... (3) Brücke.

● O je, das ist aber kompliziert … Wie lange gehe ich .... (4) Café?

■ Vielleicht fünf Minuten. Du kannst aber auch .... (5) Bushaltestelle
gehen und dann …

● Nein, nein, danke. Das finde ich schon!

22 Und du? Wie gehst du zum nächsten Supermarkt? Beschreib den Weg. Schreib einen Text.

Ich gehe

Modalverb: *sollen*

Frau Kreiner hat gesagt, wir sollen Argumente zum Thema Internetschule sammeln.

Was haben wir denn auf?

sollen: Eine andere Person sagt das.

Modalverb sollen		
ich	(!)	soll
du		sollst
er/es/sie	(!)	soll
wir		sollen
ihr		sollt
sie/Sie		sollen

---

23 Ergänze die richtige Form von *sollen*.

0. ● Mama sagt, wir _sollen_ zum Mittagessen kommen.   ■ Ich habe keinen Hunger.

1. ● Der Arzt hat gesagt, Malia _____ viel Obst essen.   ■ Ja, das ist gut!

2. ● Ich gehe jetzt einkaufen. _____ ich etwas mitbringen?   ■ Nein, danke!

3. ● Frau Martensen hat gesagt, du _____ dein Deutschbuch mitbringen.   ■ Okay.

4. ● Und? Was schreibt Theresa?   ■ Sie schreibt, ihr _____ vor dem Kino warten.

5. ● Pablos Deutschlehrerin sagt, er _____ noch mehr Vokabeln lernen.   ■ Oje!

6. ● Oma sagt, ich _____ pünktlicher sein.   ■ Ja, das finde ich auch!

7. ● Fabio sagt, die Jungen _____ viel Wasser trinken.   ■ Ja, genau!

8. ● _____ wir die Gläser ins Regal stellen?   ■ Oh ja, das ist nett.

---

24 Was sagt Trainer Fabio zu seiner Mannschaft? Schreib Sätze mit *sollen*.

FC Regenbogen – Regeln

0. Hausaufgaben: vor dem Training!

1. Training: jeden Montag!

2. Immer pünktlich!

3. Nicht vergessen: Fußballschuhe!

4. Mitbringen: eine Flasche Wasser

5. Auf dem Fußballplatz: telefonieren verboten!

6. Nicht streiten!

0. *Ihr sollt eure Hausaufgaben vor dem Training machen.*

1. _____

2. _____

3. _____

4. _____

5. _____

6. _____

25 Tonis Mutter hat viele Wünsche. Was sagt Toni zu seinem Bruder Alex? Schreib Sätze mit *sollen*.

0. Toni, mach sofort deine Hausaufgaben!

1. Alex und du, ihr müsst mehr Mathe üben!

2. Räumt bitte heute euer Zimmer auf!

3. Du musst mehr lesen!

4. Geht nicht immer so spät ins Bett!

5. Alex muss Oma noch anrufen.

6. Sitz nicht so viel am Computer!

0. *Hey, Alex, Mama nervt echt! Ich soll sofort meine Hausaufgaben machen.*

1. *Wir* _____

2. *Wir* _____

3. *Ich* _____

4. *Wir* _____

5. *Du* _____

6. *Ich* _____

26 Welches Modalverb passt? Unterstreiche.

1. Frau Meier kann / muss morgen sehr früh aufstehen. Ihr Zug fährt schon um halb sechs und sie möchte / darf pünktlich am Bahnhof sein.

2. Melanie sagt, ich will / soll Samuel zur Party einladen, aber das will / kann ich nicht. Ich finde Samuel blöd.

3. Wir müssen / möchten morgen mit Fred und Till ins Kino gehen, aber sie sollen / können leider nicht. Sie dürfen / müssen noch Mathe lernen.

4. Kannst / Darfst du mir bitte helfen? Ich kann / soll einen Aufsatz über Haustiere schreiben, aber ich darf / kann das nicht.

5. Im Theater darf / muss man keine Pommes essen. Aber man soll / kann in der Pause etwas trinken.

6. Papa, Kira macht morgen eine Party. Bis wann dürfen / müssen wir bleiben?

7. Lisa hat gesagt, sie möchte auch mitkommen. Soll / Muss ich sie anrufen?

27 Und du? Schreib auch ein Gedicht mit Modalverben wie im Beispiel.

> **Jeder ist anders**
> Ich möchte gern ins Kino gehen,
> du willst lieber fernsehen.
> Er kann gut tanzen,
> sie kann besser Fußball spielen.
> • Wir dürfen keine Pommes essen,
> • ihr sollt kein Obst essen.
> • Kein Problem!

Ich
_____ ,
du
_____ .
Er
_____ ,
sie
_____ .
Wir
_____ ,
ihr
_____ .

Positionsverben: *legen, stellen, hängen* + Präposition + Akkusativ

Hast du deine Jacke wirklich in den Schrank gehängt? Ich finde sie nicht.

Hallo!?! Maik!?! Du legst jetzt sofort das Handy auf den Tisch! Ich spreche mit dir!

!
→ hat gehängt

→ hat gehangen

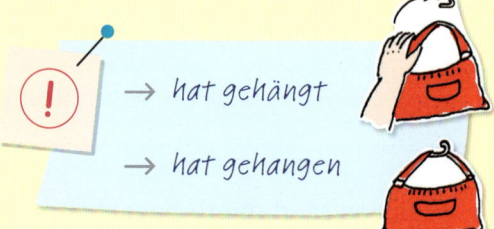

Wohin?		
→ legen (hat gelegt)		
→ stellen (hat gestellt)	+ Präposition + Akkusativ	
→ hängen (hat gehängt)		

Wo?		
→ liegen (hat gelegen)		
→ stehen (hat gestanden)	+ Präposition + Dativ	
→ hängen (hat gehangen)		

Wohin?		Wo?
Er legt das Handy auf das Sofa.	→	Das Handy liegt auf dem Sofa.
Ich stelle die Milch in den Kühlschrank.	→	Die Milch steht im Kühlschrank.
Wir hängen das Plakat an die Wand.	→	Das Plakat hängt an der Wand.

28 **Was ist richtig? Unterstreiche.**

Bill macht eine Party. Sie beginnt um 19 Uhr. Jetzt ist es 18 Uhr und er muss sein Zimmer noch aufräumen.

So sieht Bills Zimmer aus:

1. Der Stuhl <u>liegt</u> / legt auf dem Boden.

2. Die Kamera hängt / steht auf dem Stuhl.

3. Der Laptop steht / hängt auf dem Sofa.

4. Die Tasche steht / stellt vor dem Schrank.

5. Das Poster hängt / steht an der Tür.

6. Die Lampe liegt / legt auf dem Tisch.

Bill räumt auf:

→ Er steht / stellt den Stuhl vor den Tisch.

→ Er legt / hängt die Kamera ins Regal.

→ Er steht / stellt den Laptop auf den Tisch.

→ Er liegt / legt die Tasche in den Schrank.

→ Er legt / hängt das Poster an die Wand.

→ Er legt / hängt die Lampe ans Regal.

29 **Was passt: *stellen* oder *legen*? Ergänze die Verben und die Artikel in der richtigen Form.**

Mama, wohin kommen die Sachen?

0. *Stell* die Tassen bitte in *die* Küche.

1. _____ die Gläser bitte in _____ Regal.

2. _____ die Teller bitte auf _____ Tisch.

3. _____ die Messer bitte neben _____ Teller.

4. _____ die Gabeln bitte neben _____ Messer.

5. _____ das Wasser bitte in _____ Ecke.

6. _____ die Nudeln bitte auf _____ Tisch.

7. _____ die Stäbchen bitte in _____ Regal.

8. _____ den Joghurt bitte in _____ Kühlschrank.

30 **Ergänze *legen, stellen, hängen* im Perfekt.**

0. Hey Leute! Wer _hat_ meine Schuhe ins Bad
   gestellt? Gestern _haben_ sie noch im Flur
   gestanden. *(stellen – stehen)*

1. Maja, wohin _____ du meinen
   Rucksack _____? Gestern
   _____ er noch in der Ecke
   _____! *(stellen – stehen)*

2. _____ ihr meinen Schlüssel unter den Pullover _____?
   Gestern _____ er noch auf dem Tisch _____! *(legen – liegen)*

3. Wer _____ meine Comics auf den Stuhl _____?
   Gestern _____ sie noch unter dem Sofa _____! *(legen – liegen)*

4. Sagt mal, _____ wir gestern die Fahrräder hinters Haus _____?
   Gestern _____ sie noch vor dem Haus _____. *(stellen – stehen)*

5. Max, _____ du das Poster an die Wand _____?
   Gestern _____ es noch im Regal _____. *(hängen – liegen)*

6. Warum _____ ihr die Cola nicht in den Kühlschrank _____?
   Sie _____ den ganzen Tag im Wohnzimmer _____ und ist jetzt
   warm. *(stellen – stehen)*

7. _____ meine Mutter meine Jacke an die Tür _____?
   Gestern _____ die Jacke noch über meinem Stuhl _____. *(hängen – hängen)*

31 **Und du? Und was hast du mit deinen Sachen gemacht? Ergänze die Sätze.**

Meine Tasche habe ich _____
Meine Jacke _____
Mein Smartphone _____
Meine Schuhe _____

Konjunktion: *denn*

Du, Tina, ich kann leider nicht
zu deiner Party kommen, denn wir fahren
am Wochenende zu meinen Großeltern.
Es tut mir echt leid!

Ich gehe leider nicht zur Party,	Position 0	Position 1	Position 2	
	denn	ich	fahre	zu meinen Großeltern.

32a Wer kommt zur Party? Kombiniere die Sätze und verbinde sie mit *denn*.

Ihre Katze ist krank. ✶ Sie hat wenig geschlafen. ✶
~~Sie muss Chemie lernen.~~ ✶ Sein Vater hat heute Geburtstag.

0. Sylvie kann nicht kommen, *denn sie muss Chemie lernen.*

1. Piet hat auch keine Zeit, _____

2. Nanny ist müde, _____

3. Valerie bleibt lieber zu Hause, _____

b Schreib die *denn*-Sätze aus **32a** in das Schema.

	Position 0	Position 1	Position 2		Ende
0. Sylvie …,	denn	sie	muss	Chemie	lernen.
1. Piet …,					
2. Nanny …,					
3. Valerie …,					

33 Schreib die Sätze richtig.

0. Ich lerne Salsa, *denn ich tanze sehr gern.*

   (sehr gern ─ ich ─ tanzen ─ denn)

1. Max lernt Spanisch, _____

   (möchten ─ er ─ denn ─ nach Spanien ─ fahren)

2. Lara und Carlo kommen leider nicht, _____

   (denn ─ nach Wien ─ gefahren ─ sie ─ sein)

3. Mein Vater ist oft müde, _____

   (müssen ─ denn ─ er ─ verreisen ─ oft)

4. Lilly ist traurig, _____

   (dürfen ─ ihre Freundin ─ mitkommen ─ denn ─ nicht)

5. Ich lerne Vokabeln, _____

   (einen Englisch-Test ─ denn ─ schreiben ─ morgen ─ wir)

6. Tim hat keine Zeit, _____

   (aufhaben ─ er ─ viele Hausaufgaben ─ denn)

34 Und du? Warum machst du das? Schreib Sätze.

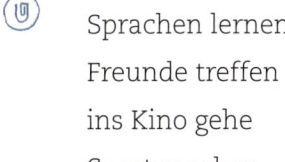

Sprachen lernen

Freunde treffen

ins Kino gehe

Sport machen

Ich lerne Sprachen, denn ich möchte viele Länder kennenlernen.

_____

_____

_____

Possessivartikel: *sein, ihr* (Plural) im Nominativ und Akkusativ

Hier sind Mark und Sonja und ihre Hunde Pips und Flips.

Schaut mal, Janas Pferd Mimo! Da unter dem Baum ist sein Lieblingsplatz.

Possessivartikel im Nominativ									
ich	du	er	es	sie	wir	ihr	sie	Sie	
mein	dein	sein	sein	ihr	unser	euer	ihr	Ihr	Film
mein	dein	sein	sein	ihr	unser	euer	ihr	Ihr	Projekt
meine	deine	seine	seine	ihre	unsere	eure	ihre	Ihre	Medien-AG
meine	deine	seine	seine	ihre	unsere	eure	ihre	Ihre	Projekte

Die Possessivartikel sind im Nominativ und Akkusativ gleich. Ausnahmen:
meinen, deinen, seinen, ihren, unseren, euren, ihren, Ihren Film

1 **Was passt zusammen? Kreuze an.**

Ist das ihre Webseite?

Oder ist das ihre Webseite?

	ich	du	er	es	sie	wir	ihr	sie	Sie
0. ihre Webseite					x			x	
1. unsere E-Mails									
2. sein Laptop									
3. dein Videofilm									
4. eure Smartphones									
5. mein Kopfhörer									
6. sein Lieblingsblog									
7. ihre Medien-AG									
8. Ihr Handy									

2 Welcher Possessivartikel ist richtig? Unterstreiche.

1. ● Hey Leute! Schaut mal, die Fotos! Das ist meine Freundin
     Maria. Ihre / <u>Ihr</u> Lieblingshobby ist reiten.
   ■ Dann ist das auch ihre / ihr Pferd, oder?
   ● Ja, seine / sein Name ist Stormy.
2. ■ Tolle Fotos! Dein / Deine Freundin Maria sieht echt nett aus!
     Und da grillt ihr im Stadtpark. Wie süß! Ist das euer / eure
     Hund, Laura?
   ● Ja, das ist unsere / unser Hund Kim. Sein / Seine Lieblingsessen sind Würstchen.
3. ● Das da sind mein / meine Schwestern. Ihr / Ihre Lieblingssport ist Skateboardfahren.
4. ● Hier sind Maja und ich in Italien. Unser / Unsere Familien haben zusammen Urlaub gemacht.
   ■ Toll! Und was haben euer / eure Geschwister dazu gesagt?
   ● Das war für alle in Ordnung.

3 Ferien! Wer nimmt was mit? Schreib Sätze.

0. Lilly: Koffer, Schal *Lilly nimmt ihren Koffer und ihren Schal mit.*

1. mein Vater: Hut, Bücher

....

2. ich: Kamera, Kopfhörer

....

3. meine Schwester: Sonnenbrille, Bikini

....

4. Valerie und Lisa: Handys, Taschen

....

5. du: Hund, Schlüssel

....

6. wir: Fahrräder, Sportsachen

....

7. das Mädchen: Bücher

....

4 Und du? Was nimmst du mit in die Ferien? Was nehmen deine Eltern und deine Geschwister
mit? Schreib drei Sätze wie in Aufgabe 3.

....

....

....

Wechselpräpositionen: *in, an, auf, über, unter, hinter, vor, neben, zwischen* + Akkusativ / Dativ

> Laura, wohin hast du die Bücher gelegt? Ins Wohnzimmer?

> Nein, sie liegen noch auf dem Tisch in der Küche.

Wechselpräpositionen	
Wohin? ● →☐ + Akkusativ	Wo? ☐ + Dativ
Leg die Tasche … … auf den Schrank! … in das Regal! … neben die Tür! … zwischen die Stühle!	Der Stift liegt … … auf dem Tisch. … unter dem Buch. … neben der Tasche. … zwischen den Heften.

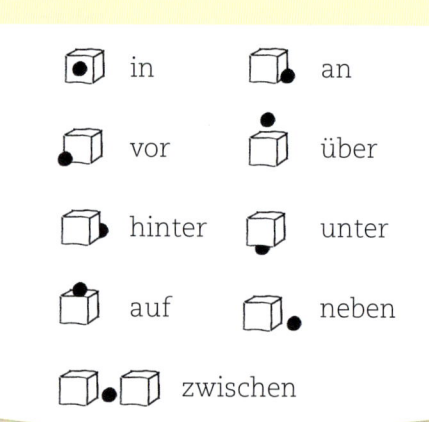

in   an

vor   über

hinter   unter

auf   neben

zwischen

---

5   **Wo oder Wohin? Ergänze die Fragewörter und verbinde die Fragen mit der passenden Antwort.**

0. ● _Wohin_ fahrt ihr in den Ferien?

1. ● _____ wohnt Lena?

2. ● _____ hast du das Poster gehängt?

3. ● _____ hängt Omas Foto jetzt?

4. ● _____ ist mein Kuli?

5. ● _____ soll ich die Flasche stellen?

6. ● _____ ist meine Gitarre?

7. ● _____ habt ihr die Fahrräder gestellt?

8. ● _____ sind meine Fotos?

(a) ■ Vielleicht liegt er unter den Zeitungen.

(b) ■ Ich glaube, sie steht hinter der Tür.

(c) ■ Vielleicht ans Meer.

(d) ■ Hier, sie sind zwischen den Büchern.

(e) ■ In der Schillerstraße.

(f) ■ Neben dem Bild von Opa.

(g) ■ An die Wand im Wohnzimmer.

(h) ■ Auf den Tisch, bitte.

(i) ■ Vor die Schule.

6   **Was ist richtig? Kreuze an.**

0. Die Gitarre steht … der Tür.

- ○ vor
- ⊗ hinter
- ○ über

1. Der USB-Stick liegt … den Heften.

- ○ unter
- ○ neben
- ○ zwischen

2. Der Fußball liegt … dem Bett.

- ○ auf
- ○ über
- ○ unter

3. Das Glas steht … dem Laptop.

- ○ neben
- ○ vor
- ○ hinter

4. Das Fahrrad steht … der Garage.

- ○ in
- ○ hinter
- ○ vor

5. Das Bild hängt … dem Sofa.

- ○ über
- ○ unter
- ○ auf

7   **Wo sind die Sachen? Ergänze die passende Präposition und den Artikel.**

1. Der Schrank steht _an der_ Wand und _____ Sessel.

2. Das Bett steht _____ _____ Ecke.

3. Die Hose und der Pullover liegen _____ _____ Bett.

4. Die Comics liegen _____ _____ Sessel.

5. Der Teppich liegt _____ _____ Stuhl.

6. Die Lampe steht _____ _____ Tisch.

7. Der Hut hängt _____ Schrank.

8. Das Poster hängt _____ _____ Wand.

9. Die Flaschen stehen _____ Regal.

10. Die Bücher stehen _____ _____ Regal.

11. Der Rucksack hängt _____ Stuhl.

12. Der Sessel steht _____ _____ Bett und _____ Schrank.

8   **Was ist richtig? Unterstreiche.**

0. ● Maria, ich finde meine T-Shirts nicht.
  ■ Die habe ich in dem / <u>den</u> Schrank gelegt.

1. ● Und meine Joggingschuhe?
  ■ Die habe ich auf die / der Terrasse gestellt.

2. ● Mein USB-Stick ist auch nicht mehr da.
  ■ Den habe ich auf den / dem Tisch gelegt.

3. ● Und wo ist meine Hose?
  ■ Die habe ich an die / der Tür gehängt.

4. ● Und mein Laptop?
  ■ Den habe ich ins / im Regal gelegt.

5. ● Und das Handy?
  ■ Das habe ich in der / die Küche gelegt.

Maria liebt Ordnung!

9   **Pauls Eltern mögen kein Chaos. Was sagen sie? Ergänze.**

Paul! Was ist denn hier los?! Warum liegen deine Deutsch-bücher unter _dem_ (0) Tisch?

Warum steht dein Fahrrad i_____ (2) Flur?

Warum liegt dein Pullover auf _____ (4) Tisch?

Warum steht der Rucksack unter _____ (6) Stuhl?

Warum liegt die Schere zwischen _____ (8) Zeitungen?

Stell sie bitte i_____ (1) Regal.

Stell es bitte in _____ (3) Garage.

Leg ihn bitte in _____ (5) Schrank!

Stell ihn bitte neben _____ (7) Schrank!

Leg sie bitte auf _____ (9) Tisch.

10   **Und du? Wo *liegen/stehen/hängen* deine Sachen? Wohin *legst/stellst/hängst* du sie jetzt? Schreib Sätze.**

Mein Handy	
Jetzt	*ich es*
Meine Jacke	
Jetzt	*ich sie*
Meine Schuhe	
Jetzt	*ich sie*

(!) **Konjunktion: *weil***

> Warum willst du nächsten Samstag nicht mitspielen?

> Ich kann leider nicht, *weil* meine Mutter Geburtstag hat.

Syntax: Nebensatz mit *weil*

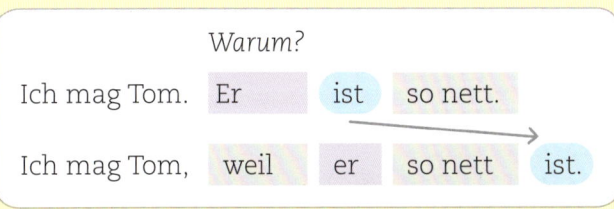

	Warum?		
Ich mag Tom.	Er	ist	so nett.
Ich mag Tom,	weil	er	so nett	ist.

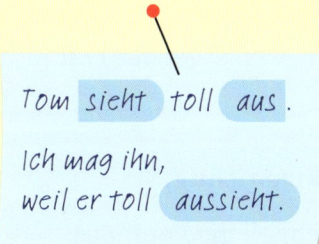

Tom **sieht** toll **aus**.

Ich mag ihn,
weil er toll **aussieht**.

				Ende
Ich mag Tom,	weil	er	so nett	ist.
Ich mag Tom,	weil	er	so gut	tanzen kann.
Anna freut sich,	weil	morgen	die Ferien	anfangen.
Anna freut sich,	weil	Tom	gestern	angerufen hat.

11 **Verbinde die Sätze mit *weil* und schreib sie in das Schema.**

0. Alle finden Piet toll. Er sieht sehr gut aus.

1. Maja mag ihn. Er kann gut zuhören.

2. Maja freut sich. Piet geht morgen mit ihr ins Kino.

3. Aber sie ist traurig. Er hat noch nicht angerufen.

Hauptsatz	Nebensatz			Ende
0. Alle finden Piet toll,	weil	er	sehr gut	aussieht.
1. Maja mag ihn,				
2. Maja freut sich,				
3. Aber sie ist traurig,				

Luisa

12   **Ergänze die Verben in der richtigen Form.**

0. Tim ist in der Medien-AG, weil er Informatik interessant
   findet. *(finden)*

1. Pedro ist froh, weil er an einem Medien-Wettbewerb
   .... *(teilnehmen)*

2. Er freut sich, weil sein Freund Abdul auch
   .... *(mitmachen)*

3. Aber er ist traurig, weil sein Bruder Carlo nicht
   .... *(teilnehmen dürfen)*

4. Finn macht mit, weil Informatik sein Lieblingsfach .... *(sein)*

5. Jana ist glücklich, weil sie den Wettbewerb letztes Jahr
   .... *(gewonnen haben)*

6. Carlo ist froh, weil er letztes Jahr ins Finale
   .... *(gekommen sein)*

13   **Schreib die Sätze richtig.**

0. Tami geht schnell ins Kaufhaus,

   weil sie etwas kaufen will.
   (etwas — weil — wollen — kaufen — sie)

1. Sie braucht ein Geschenk,

   ....
   (Geburtstag — heute — Timo — weil — haben)

2. Timo freut sich,

   ....
   (Tami — weil — gebacken haben — einen Kuchen)

3. Er ist auch froh,

   ....
   (sie — mitbringen — gute Musik — weil)

4. Lilly und Lissy rufen Till an,

   ....
   (haben — ein Computerproblem — weil — sie)

5. Sie finden ihn toll,

   ....
   (immer — weil — können — helfen — er)

6. Sie mögen ihn,

   ....
   (er — weil — so sympathisch — aussehen)

7. Er hilft ihnen gern,

   ....
   (gefragt haben — weil — sie — so nett)

14 **Was ist los mit Elsa und Charlotte? Ergänze die Sätze.**

> 0. Ich habe meine Oma so lange nicht gesehen.

> 1. Ich darf im Mai nach Paris fliegen.

> 2. Ich bekomme nur wenig Taschengeld.

> 3. Ich habe eine Eins in Englisch geschrieben!

> 4. Ich darf nicht nach Rom mitfahren.

> 5. Meine Klasse macht bei einem Theater-Wettbewerb mit.

> 6. Mein Hund ist krank.

> 7. Morgen kommt meine Cousine aus Zürich.

> 8. Ich bin gestern sehr spät ins Bett gegangen.

> 9. Max bringt tolle Geschenke mit.

Elsa   Charlotte

0. Elsa ist traurig, *weil sie ihre Oma so lange nicht gesehen hat.*

1. Charlotte ist aufgeregt, *weil* ....

2. Elsa hat Pech, ...

3. Charlotte hat Glück, ...

4. Elsa ärgert sich, ...

5. Charlotte ist froh, ...

6. Elsa hat Angst, ...

7. Charlotte ist glücklich, ...

8. Elsa ist müde, ...

9. Charlotte mag ihren Bruder Max, ...

15 **Und du? Antworte.**

● Warum lernst du Deutsch?

■ *Weil* ....

● Warum spielst du (nicht) gern Fußball?

■ ....

● Warum magst du deine Freunde?

■ ....

● Warum gehst du (nicht) gern ins Kino?

■ ....

● Warum brauchst du (k)ein Handy?

■ ....

in die + Ordinalzahl + Klasse

Ich gehe in die sechste Klasse.

In welche Klasse geht ihr?

Und ich in die siebte.

in die erste Klasse
in die dritte Klasse
in die siebte Klasse
in die achte Klasse

| 1.–13. → | in die ...te Klasse |
| | in die zweite Klasse |

16 **Ergänze.**

0. Mira geht *in die zweite* Klasse. 2. Paula geht _____ Klasse.

1. Max geht _____ Klasse. 3. Linus geht _____ Klasse.

17 **Tobi und seine Schwestern. Ergänze den Text.**

Name:	Tobi	Vera	Valerie	Fanny
Alter:	12	8	11	14
Klasse:	6c	3a	5b	8a

Das ist Tobi. Er ist _____ und geht *in die* _____. Seine Schwester

Vera ist _____ Jahre alt und geht _____

_____

_____

18 **Und du und deine Geschwister / Freunde? In welche Klasse geht ihr? Schreib vier Sätze.**

Ich _____

_____

_____

_____

⊙ **Konjunktion: *dass***

Speech bubbles:
- Ist das da die Frauenkirche?
- Keine Ahnung. Mira hat gesagt, dass die Frauenkirche im Zentrum ist.
- Ich schlage vor, dass wir zuerst zur U-Bahn gehen. Da ist unser Treffpunkt.

⊙ **Syntax: Nebensatz mit *dass***

Luisa sagt:	Die Medien-AG	ist		im Finale.
Luisa sagt,	dass		die Medien-AG	im Finale	ist.

				Ende
Luisa hofft,	dass	Tim	sie	anruft.
Luisa hat erzählt,	dass	wir		gewonnen haben.

19 **Was passt? Verbinde die Sätze und schreib sie in das Schema.**

0. Marlen erzählt, dass ihr Bruder   a   am schönsten ist.

1. Kilian schlägt vor, dass wir   b   nicht mitkommt.

2. Er findet, dass das Kino „Galaxy"   c   einen tollen Film gesehen hat.

3. Wir hoffen sehr, dass es   d   noch Mathe üben muss.

4. Es ist schade, dass Merle   e   noch Karten gibt.

5. Merle sagt, dass sie   f   auch ins Kino gehen.

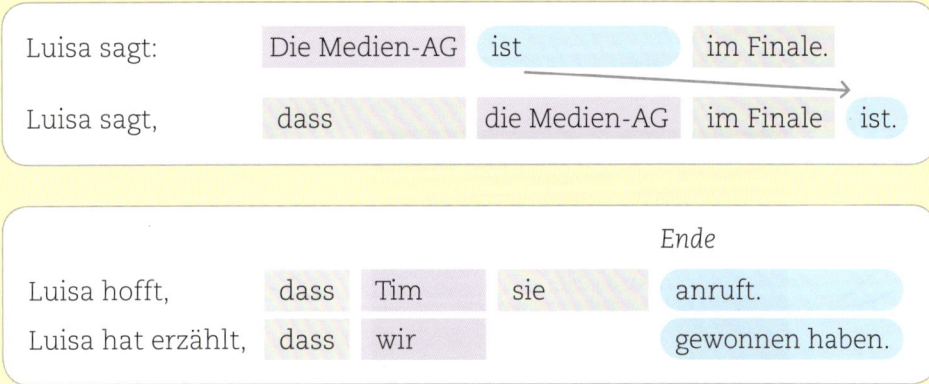

Hauptsatz	Nebensatz			Ende
0. Marlen erzählt,	dass	ihr Bruder	einen tollen Film	gesehen hat.
1.				
2.				
3.				
4.				
5.				

20 **Schreib Sätze mit *dass*.**

Weißt du schon, …?

0. *dass wir einen neuen Mathe-Lehrer haben?*

(einen neuen Mathe-Lehrer — haben — wir — ?)

1. ....

(nach Hamburg — mitfahren — nicht — Anne — ?)

2. ....

....

(kommen dürfen — nicht — Tom — zu Kevins Party — ?)

3. ....

(verliebt sein — in Timo — Alexa — ?)

4. ....

....

(gestern — geschrieben haben — wir — einen Vokabeltest — ?)

21 **Was sagt die Englischlehrerin? Schreib Sätze.**

0. Englisch sprechen sehr viele Menschen.

1. Drei Stunden Englisch pro Woche sind zu wenig!

2. Die Grammatik ist nicht schwer.

3. Fremdsprachen machen Spaß!

4. Ich kann Türkisch, Deutsch und Englisch sprechen.

5. Ich habe drei Jahre in London gelebt.

denken ✕ erzählen ✕ finden ✕ glauben ✕ ~~sagen~~ ✕ sagen

0. *Sie sagt, dass sehr viele Menschen Englisch sprechen.*

1. ....

2. ....

3. ....

4. ....

5. ....

22 Was sagt das Mädchen? Verbinde die Sätze mit *dass* und ergänze
die Sprechblasen.

0. Es regnet heute. ✕ 1. Der Bus kommt bald. ✕ 2. Bald kommt der Frühling. ✕
3. Das Wetter ist so schlecht. ✕ 4. Wir gehen zusammen ins Café. ✕
5. Du möchtest mit mir ein Eis essen.

0. Wie schade,
*dass es heute
regnet!*

1. Ich hoffe,

2. Ich freue mich,

3. Es tut mir echt leid,

4. Ich finde es toll,

5. Es ist so schön,

23 Und du? Wie soll dein bester Freund / deine beste Freundin sein?
Schreib Sätze mit *dass*.

gut zuhören können ✕ gut aussehen ✕ in meine Klasse gehen ✕ Sport machen ✕
intelligent / nett / lustig / ... sein ✕ mich verstehen ✕ mit mir ins Kino gehen ✕ ...

Für mich ist am wichtigsten, dass

Nicht so wichtig ist für mich, dass

! Imperativ in der *ihr*-Form

> Nehmt bitte eure Winterstiefel mit.

> Und vergesst eure Schals nicht!

Infinitiv	ihr-Form
bringen	bringt!
sein	seid!
abschließen	schließt ab!
erzählen	erzählt!

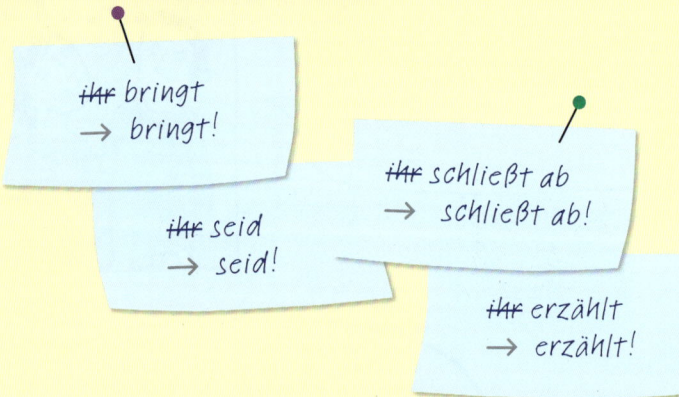

ihr bringt
→ bringt!

ihr seid
→ seid!

ihr schließt ab
→ schließt ab!

ihr erzählt
→ erzählt!

---

24 Herr und Frau Peters sind übers Wochenende weggefahren. Was schreiben sie ihren Kindern? Schreib die Sätze in das Schema.

0. Schließt bitte immer die Haustür ab!

1. Lest lieber Comics als Bücher!

2. Vergesst eure Handys nicht!

3. Nehmt Mineralwasser zum Sport mit.

4. Ruft Oma und Opa doch mal an!

	Position 1		Ende
0.	Schließt	bitte immer die Haustür	ab!
1.			
2.			
3.			
4.			

25 Was sagt die Lehrerin? Schreib die Sätze richtig.

0. *Schreibt bitte fünf Sätze.*

   (fünf Sätze — schreiben — bitte — .)

1. _____

   (aufschlagen — bitte — die Seite 15 — .)

2. _____

   (bitte — sein — ruhig — .)

3. _____

   (lesen — diesen Text — bitte — .)

4. _____

   (morgen — pünktlich — bitte — sein — .)

26 Was singt die Sängerin? Schreib Sätze.

> Hey Leute!
> Ihr fühlt euch oft müde und traurig? Dann hört gut zu, denn in diesem Lied bekommt ihr die ultimativen Tipps zum Glücklichsein!

0. nicht so viel fernsehen → lieber mal ins Kino gehen

   Seht nicht so viel fern, geht lieber mal ins Kino!

1. nicht so viel auf dem Sofa sitzen → lieber Musik machen, singen und tanzen

   _____

2. nicht so viel im Internet surfen → lieber mal Freunde einladen und Karaoke spielen

   _____

3. keine Pizza im Internet bestellen → lieber mal mit Freunden kochen

   _____

4. nicht ohne Frühstück in die Schule gehen → lieber früher aufstehen

   _____

27 Und du? Deine Eltern fahren übers Wochenende weg. Was sollen sie machen?
Schreib vier Sätze im Imperativ.

> viel Spaß haben ✕ mir ein Geschenk mitbringen ✕ mal anrufen ✕
> am Sonntag nicht so spät nach Hause kommen ✕ …

Kommt _____

_____

_____

_____

Quellenverzeichnis

Cover: Bernhard Haselbeck, München

S.4: Ü!: Freunde © iStockphoto/skynesher; Ü1 links © irisblende.de, rechts © Susanne Dorner, München

S.5: Ü3: rechts © Thinkstock/Photos.com/Jupiterimages

S.6: Ü!: Mädchen © iStock/jhorrocks; Umzugskartons © PantherMedia/WavebreakmediaMicro

S.8: Ü9 © Thinkstock/iStock/gpointstudio

S.9: Ü! © Thinkstock/Wavebreakmedia Ltd.

S.10: Ü13 © fotolia/WavebreakMediaMicro

S.11: Ü! © fotolia/Siberia; Ü15a © shootingankauf – stock.adobe.com

S.13: Ü! © iStockphoto/bo1982

S.14: Ü20: A © Thinkstock/iStock/monkeybusinessimages; B © fotolia/Roman Hense; C © Thinkstock/Creatas/Jupiterimages; D © Thinkstock/Pixland

S.15: Ü21a: © Thinkstock/iStock/Mark Bowden

S.16: Ü! © Thinkstock/Photodisc/RL Productions; Ü24: A © iStockphoto/VikramRaghuvanshi; B © PantherMedia/K.Neudert; C © iStock/skynesher; D © Getty Images/Adie Bush

S.17: Ü25 © Thinkstock/iStock/DragonImages; Ü26 © Thinkstock/iStockphoto

S.18: Ü! © Thinkstock/iStock/ollegN

S.19: Ü!: Gruppe © Thinkstock/iStock/monkeybusinessimages

S.20: Ü2 von links: © Thinkstock/Digital Vision/Jupiterimages; © BananaStock; © Thinkstock/Photodisc/Michael Blann; © Thinkstock/Photodisc/ Jack Hollingsworth; © iStock; © Thinkstock/iStock; © Thinkstock/Stockbyte; alle Flaggen von links: © Thinkstock/iStock/Iakov Filimonov; Ü3: 0–7 © Thinkstock/iStock/Iakov Filimonov

S.23: Ü!: Verbotszeichen © fotolia/vektorisiert; Mädchen © Thinkstock/Wavebreak Media; Ü11: 0, 2, 3, 5, 6, 9 © fotolia/vektorisiert; 1, 4, 7, 8 © fotolia/xiver

S.24: Ü!: Freunde © MEV

S.25: Ü14 © PantherMedia/Robert Kneschke; Ü! © PantherMedia/Daniel Schoenen

S.26: Ü18: Gruppe © Thinkstock/iStock/anatols

S.27: Ü21 © Thinkstock/iStock/vladans

S.28: Ü! © Thinkstock/iStock

S.29: © BlueSkyImages-stock.adobe.com

S.30: Ü!: Konflikt © Getty Images/iStock/Nicolas McComber

S.31: Ü29: Teenager © Thinkstock/Digital Vision/Marc Debnam

S.32: Ü30: Florian Bachmeier, Schliersee; U! © asierromero – stock.adobe.com

S.34: Ü! © Getty Images/bowdenimages

S.35: Ü2 Thinkstock/Pixland; Ü3 © Thinkstock/Stockbyte/altrendo images

S.36: Ü!: Illu Präpositionen: Gisela Specht, Weßling

S.38: Ü9 © fotolia/Elenathewise

S.39: Ü! © Thinkstock/Stockbyte/Brand X Pictures; Ü11 © Thinkstock/Stockbyte/Jupiterimages

S.41: Ü14: Elsa © Thinkstock/iStock/HannamariaH; Charlotte © iStock/kevinruss

S.42: Ü!: Gruppe © Thinkstock/iStock/Gpoint Studio; Ü17 © Thinkstock/BananaStock

S.43: Ü! © F1online/Imagesource-Black

S.44: Ü20 © Thinkstock/iStock/Feverpitched; Ü21 © iStockphoto/snapphoto

S.46: U! © Thinkstock/iStock/monkeybusinessimages

S.47: Ü26 © Thinkstock/ Ingram Publishing

Zeichnungen: Monika Horstmann, Hamburg
Alle übrigen Fotos: Alexander Keller, München
Bildredaktion: Ahmadullah Dardmanesh, Hueber Verlag, München